AF266057

L'AVENIR DE LA RÉPUBLIQUE

L'AVENIR

DE LA

RÉPUBLIQUE

ET

LE MANDAT IMPÉRATIF

PAR

P. ROUSSEAU,

PROPRIÉTAIRE-HORTICULTEUR A BERGERAC (DORDOGNE).

PRIX : 40 C.

BERGERAC

IMPRIMERIE TYPOGRAPHIQUE DE FAISANDIER

rue Bellegarde, 18.

1873

PRÉFACE

Si j'avais autant de talent pour écrire que de dévouement pour l'intérêt genéral, je ne devrais jamais laisser reposer ma plume, et mes lecteurs seraient enchantés de mon ouvrage.

Malheureusement, le bon vouloir se trouve rarement uni au pouvoir, et l'un et l'autre sont indispensables pour faire le bien. Si le hasard, à qui nous sommes redevables des plus grandes découvertes, me procurait l'honneur de faire partie de la Représentation Nationale, je ne serais heureux qu'après avoir rendu des services à mon pays ; et pour gage de cette ferme volonté je pourrais lui offrir la probité, l'activité et le désintéressement. Quant au savoir faire, je crois que je pourrais l'acquérir avec l'aide de Dieu et de ma bonne volonté.

Ma profession de foi, serait celle d'un honnête homme qui veut le bonheur de la Nation, toujours résolu à sacrifier sa vie pour empêcher de faire le mal.

Mes opinions politiques sont exprimées dans cette brochure, et mon devoir consisterait à suivre les conseils de mes commettants.

Un député se doit à tous ; il est tenu d'écouter les petits comme les grands, et de rendre compte de sa mission législative, sous peine de manquer à ses devoirs. Heureux celui qui attend ce jour comme l'heure de la récompense !

I

C'était en 1866, j'adressai à l'empereur Napoléon III, une brochure dans laquelle j'exposais bien simplement et avec la plus grande franchise les besoins des classes laborieuses, l'augmentation excessive des impôts et les réformes que nous attendions de son gouvernement.

Je le dis en toute sincérité, je n'avais jamais aimé le gouvernement de l'Empire, mais en voyant le grand essor des affaires, l'augmentation du travail, source de toute prospérité, je me décidai comme tant d'autres à le considérer comme capable de pouvoir réaliser la plupart de nos espérances.

A l'extérieur, la France possédait une prépondérance extraordinaire et ses conseils étaient pris en grande considération dans tous les cabinets de l'Europe. Trop honnête pour appartenir à un parti, et considérant les révolutions comme la ruine des peuples, je croyais qu'avec le suffrage universel il était possible d'améliorer le système gouvernemental sans changer le monarque.

Voilà le motif qui me fit écrire mon livre ; je portai ma petite pierre pour bâtir l'édifice qui devait avoir la justice pour base, et les libertés publiques pour couronnement. Mais tout cela n'était qu'un beau rêve qu'a fait évanouir la faiblesse de ses conseillers, les candidatures officielles et la volonté trop absolue du souverain.

Je ne jette jamais la pierre aux vaincus, et je respecte toujours les morts, mais l'histoire dira que nous avons payé bien cher les années de prospérité dont nous avons joui pendant ce règne.

En lisant le commencement de cet écrit, on peut juger des sentiments de l'auteur. Or, comme les Français seront appelés bientôt à de nouvelles élections, il est du devoir de tout bon citoyen, possédant le sens politique, d'éclairer les électeurs sur cette question importante pour le pays, afin qu'il sorte de l'urne électorale une majorité compacte et résolue à fonder un gouvernement assis sur des bases solides.

Les dernières élections furent faites dans un moment de trouble et d'effroi; l'ennemi occupait une partie du territoire, il fallait se hâter de prendre des mesures pour le faire partir et l'empêcher de continuer ses dévastations. Le temps fut trop court pour discuter et apprécier la valeur politique des candidats, la nation voulait la paix, et nommait des députés également décidés à traiter avec le vainqueur, mais là devait se borner la tâche de nos représentants; cette mission terminée, il fallait consulter de nouveau la Nation, afin qu'elle pût librement décider de ses destinées en choisissant tel ou tel gouvernement, à l'aide de nouvelles élections.

Je crois que nos députés sont de très-honnêtes gens, mais cela ne suffit pas quand ces honorables citoyens veulent faire prévaloir leurs idées au profit du parti qu'ils représentent, sans considération pour l'opinion publique. Dans une Chambre composée d'éléments si divers, il n'est pas possible de s'entendre; les grandes questions s'agitent sans qu'on puisse les résoudre, alors on ne tarde pas à voir le danger que court la République quand elle est gouvernée par des députés représentant trois ou quatre partis qui se disputent le pouvoir, tandis que le pays, victime de ces tiraillements, voit chaque jour la confiance diminuer, le commerce languir et les classes laborieuses manquer de travail. Nul ne peut prévoir les malheurs qu'un tel état des choses amènerait en France s'il durait encore quelque temps.

Heureusement qu'un grand homme s'est rencontré pour maintenir les partis dans l'ordre et libérer le territoire, tandis que la Nation reconnaissante conservait son calme et sa dignité dans l'espérance de voir bientôt luire pour elle des jours meilleurs.

Le coup d'Etat du 24 Mai ne produira aucun bon résultat, attendu que le provisoire remplace le provisoire; c'est un replatrâge qui ne tiendra pas, la Nation n'ayant pas fourni les matériaux nécessaires à cette nouvelle construction.

Depuis quelques années, un mécontentement général règne dans les classes laborieuses. Le peuple se plaint, non sans raison, que les lois sont faites en faveur des riches et jamais à l'avantage des pauvres. Voilà les motifs de l'antagonisme qui existe entre ceux qui possèdent beaucoup et ceux qui manquent souvent du nécessaire.

Ce vice de la législation provient de la nature humaine toujours portée vers l'intérêt personnel ; il est contraire à la raison qui veut le droit pour tous ; il offense Dieu qui nous commande d'être justes. Aussi nos honorables députés se gardent-ils bien de proclamer le désintéressement comme une vertu civique. Honneur à ceux qui en donnent l'exemple ; ils peuvent compter sur l'estime publique, seule fortune que doit envier l'honnête homme.

Je me suis demandé bien souvent s'il ne serait pas possible de rendre justice aux travailleurs sans froisser l'intérêt des riches. La chose est aussi facile que juste ; je vais le prouver tout à l'heure, mais auparavant il est nécessaire, pour mon sujet, que j'entre dans quelques détails.

Lorsque les Etats-Généraux s'assemblèrent, en 1789, les députés représentaient les trois ordres de la Nation, le Clergé, la Noblesse et le Tiers-Etat. Quelque temps avant leur élection, des cahiers avaient été ouverts dans chaque paroisse, afin que les électeurs pussent y consigner les observations relatives à la nouvelle Constitution, à la confection des lois, aux besoins des diverses administrations, ainsi qu'à la réforme des abus. Ces registres, où chaque citoyen intelligent avait émis ses idées et ses vœux, furent unanimes dans leurs réclamations, tant les besoins étaient impérieux et les réformes nécessaires. De ces divers cahiers qui contenaient des instructions générales pour les députés, sortirent ces lois qui nous régissent encore et qui sont considérées par les législateurs modernes, comme un monument de science et d'équité. Tels sont les résultats qu'on obtiendra toujours lorsque nos représentants prendront l'opinion publique en considération. Voilà le mandat impératif, tel qu'on peut le pratiquer aujourd'hui sans blesser leur amour-propre, tout en donnant satisfaction aux contribuables. Au reste, je reviendrai plus tard sur cette question.

Depuis cette époque les choses ont bien changé. Le Clergé et la Noblesse ont presque disparu de la scène politique. Le Clergé a compris que ce n'était plus sa place, et l'élection a délaissé la Noblesse parce qu'elle tentait toujours de faire revivre les choses du passé, tandis que les idées que nul pouvoir n'arrêtera font marcher le genre humain vers les destinées que Dieu lui a préparées dès le commencement des siècles.

La retraite successive des deux premiers ordres de l'Etat a laissé le pouvoir à la bourgeoisie qui n'est autre aujourd'hui que les fils et petits-fils des Républicains de 89. Mais pendant que cette puissante fraction de la Nation soutenait des luttes incessantes avec tous les gouvernements qui se sont succédé depuis, se formait, à l'aide du progrès, et à l'ombre des libertés publiques, le prolétariat plein de force et d'espérance, et demandant à son tour les droits du Tiers-Etat, afin de pouvoir faire défendre ses

intérêts par des mandataires sortis de son sein, d'obtenir
que les charges de l'Etat soient supportées par chaque
citoyen en raison de sa fortune ou de sa richesse indus-
trielle. Voilà ce que demande le grand producteur; or, il
est certain qu'il l'obtiendra s'il n'emploie que la raison
pour plaider sa cause, aussi juste que pressante; et pour
en obtenir la réalisation il s'appuiera sur le suffrage
universel proclamé comme un droit par les légitimistes,
et décrété par le Gouvernement provisoire en 1848. Par
ce fait, chaque citoyen peut défendre ses intérêts dans la
légalité, et dire avec le grand O'Connell : La défense
d'un droit est un devoir.

Il est certain, que si les gouvernements réfléchissaient
aux conséquences que peut produire tel ou tel principe,
ils ne se presseraient pas autant de le mettre en pratique.
Quand on considère qu'à l'aide de ce puissant levier, la
Nation peut changer la forme de son gouvernement ou
la modifier chaque fois qu'il y aura des élections générales, cela donne à penser aux hommes sérieux. Que
l'on remarque celles qui ont lieu dans les villes; que l'on
fasse attention que la campagne commence à voter avec
indépendance, et l'on comprendra qu'il est nécessaire,
qu'il est bien temps de se mettre à l'œuvre pour fonder
une République modérée si nous ne voulons pas subir
une République radicale.

Essaiera-t-on de renverser le grand vote? Ce n'est
guère possible; depuis que le Gouvernement de l'Empire
a consacré cette coutume, elle fait force de loi pour l'ha-
bitant des campagnes et un droit sacré pour celui des
villes. Si par malheur on enlevait le droit à la Nation par
surprise, elle ferait vingt révolutions pour le recon-
quérir. Il n'est plus temps de remettre la Nation au
maillot; de par les lumières, elle se trouve en pleine
majorité.

L'esprit public a fait un pas considérable; il serait imprudent d'en arrêter l'essor, mais on doit et on peut le diriger vers le bien, la chose est aussi facile qu'honorable.

Autre considération qu'il ne faut pas perdre de vue; c'est que le parti républicain presque oublié pendant la Restauration est devenu très-puissant depuis 1830. Ces hommes d'un caractère indomptable et d'une énergie peu commune, probes et désintéressés (le véritable parti républicain, bien entendu) ne voyant que leurs principes pour faire prévaloir la grande devise écrite dans l'Evangile : Liberté sans nuire à autrui, égalité de tous les citoyens devant la loi et fraternité entre tous les peuples de la terre; ces hommes, dis-je, ne sacrifieront jamais leurs principes à tout autre gouvernement, et notez bien que pour les faire prévaloir, ils font volontiers le sacrifice de leur vie, et plus on les persécute, plus ils deviennent puissants et leurs adeptes plus nombreux.

En présence de ces faits, ce serait de la folie de vouloir aujourd'hui tenter toute espèce de restauration, à moins de vouloir la révolution en permanence sur le sol français, en imitant la trop malheureuse nation espagnole.

Soyons donc raisonnables et désintéressés, que chacun de nous fasse abnégation de ses opinions personnelles, le sacrifice de certains intérêts pour la tranquillité et le bonheur de la France. Ah ! que ne puis-je l'obtenir par le sacrifice de ma vie !

Voici maintenant comment le peuple peut obtenir justice avec le suffrage universel, sans troubler l'ordre public. Il est certain que l'Assemblée nationale actuelle est composée, en général, de grands propriétaires ; les lois qu'ils ont faites en portent le cachet. Eh bien! supposez pour un moment que la majorité de cette Assemblée eût été composée d'ouvriers, alors les subsides qu'il a fallu se procurer pour libérer le territoire eussent été fournis, en grande partie, par ceux-là mêmes qui les ont fait donner par les industriels. L'augmentation des patentes de 60 p. cent n'aurait pas eu lieu, et les lois qui frappent les Compagnies d'assurances et celles des chemins de fer eussent été réglementées, de manière à ne pas laisser la porte ouverte à ces grands capitalistes, qui s'en sont servis pour faire retomber l'impôt sur les assurés et sur les voyageurs; dans les deux cas, il y a négligence ou injustice.

Vous voyez maintenant où me conduit la logique. Avec le suffrage universel, il peut sortir de l'urne électorale une Assemblée aristocratique, qui pourrait user de son pouvoir pour faire rétrograder la nation et lui imposer tel maître qu'il lui conviendrait; de même qu'il peut en sortir une Assemblée extrà-démocratique, pouvant abuser de sa puissance et périssant ensuite par l'excès de son principe après avoir ébranlé l'édifice social. Je signale ce danger à la raison éclairée des comités électoraux, et j'ai l'espoir qu'ils sauront l'éviter pour ne pas attirer les plus grands malheurs sur notre chère patrie.

Je reviens à présent au mandat impératif, seul moyen de donner satisfaction aux ouvriers sans troubler l'ordre public.

Les députés, acceptant les charges de ce mandat, devront jurer sur l'honneur de tenir compte des vœux et des besoins des populations. Chaque électeur pourra formuler des notes destinées à faire connaître ses idées sur le moyen le plus simple pour opérer les réformes. Afin de réduire les charges de l'Etat, elles pourront contenir des vues sur les questions qui devront êtres discutées par l'Assemblée nationale. Ces notes devront être rédigées convenablement et signées par leurs auteurs, elles pourront être transcrites sur un registre ayant pour titre : Instructions générales adressées a nos Représentants. Alors on verra la lumière jaillir du choc des opinions, et l'on sera forcé de reconnaître que mille citoyens ont plus d'esprit et de bon sens qu'un seul, et que dix n'en ont jamais autant que dix mille. Voilà le vrai moyen de connaître les besoins de la Nation et de pouvoir les satisfaire.

Il faudrait également que le Tiers-Etat d'aujourd'hui nommât quelques ouvriers intelligents, pour représenter ses intérêts dans le sanctuaire où s'élaborent les lois ; la chose est facile à réaliser, puisque les intéressés disposent de l'immense majorité des suffrages : elle produirait d'excellents résultats, autant pour éclairer quelques questions que pour l'ordre et la justice ; mais cette amélioration ne s'obtiendra pas encore, ceux-là mêmes qui auraient le plus d'intérêt à la faire réussir seront les premiers à lui porter empêchement ; la raison de ce non-sens, est que, malheureusement, l'instruction et l'éducation manquent généralement aux classes laborieuses ; ces qualités, essentielles pour former un bon jugement, sont remplacées par deux grands défauts : la jalousie qui fausse l'esprit, et l'envie qui dessèche le cœur ; et dans leur stupide aveuglement, les ouvriers préféreront souffrir l'injustice que de la voir redresser par un des leurs. Quoi qu'il en soit, je suis le premier qui jette la semence de cette idée, bien persuadé qu'elle fructifiera dans les esprits, qui finiront par la mettre en pratique, comme le meilleur moyen de faire prévaloir le système économique, et, par suite, arriver au dégrèvement de nos charges.

III

Une partie de ce chapitre est consacrée à éclairer
quelques questions qui sont toujours restées douteuses
dans l'esprit du peuple, et qui ont produit bien souvent de
mauvais effets.

Il est bien regrettable que dans les réunions publiques les
orateurs lui parlent toujours de ses droits sans l'entretenir
de ses devoirs. Je vais y suppléer en faisant connaître
le Gouvernement républicain, tel qu'on peut le constituer
aujourd'hui, ainsi que les devoirs qu'il prescrit à chaque
citoyen.

Dans les anciennes Républiques, comme celles de
Sparte, d'Athènes et de Rome, tous les citoyens étaient
soldats ou magistrats. Les emplois publics n'étaient point
rétribués. Les esclaves, sur qui leurs maîtres avaient
droit de vie, étaient chargés des travaux manuels et de
ceux de la terre. L'esclavage ne fut aboli que par l'in-
fluence du christianisme. Il serait impossible aujourd'hui
de faire revivre les lois de ces anciens législateurs, tant
elles sont sévères et nos mœurs relâchées. On a beau
se tourmenter l'esprit, nous n'aurons jamais en France
que la République représentative, telle qu'elle est cons-
tituée aux Etats-Unis, avec tous ses avantages d'économie
et la sollicitude que ce gouvernement accorde à tous les
citoyens, quel que soit leur rang ou leur fortune. En
Amérique, il n'y a point d'octrois ni de droits-réunis. Il

2

n'existe point de ces lois tracassières qui, loin de corriger le peuple, l'abrutissent sans le moraliser. Une grande simplicité dans le rouage administratif rend les charges de l'Etat moins lourdes pour chaque citoyen. En un mot, c'est le pays de la liberté bien comprise. Toutes les religions y sont professées avec une entière indépendance et les opinions politiques de chacun y sont respectées à l'égal des lois. C'est une vieille terre qui a reçu les bienfaits d'une civilisation nouvelle par des hommes désintéressés qui n'avaient d'autres pensées que le bonheur de leur patrie.

Honneur à la mémoire de ces citoyens illustres!

Eh bien! nous, nous pourrions fonder en France les institutions de ce pays, si les hommes qui sont appelés à nous gouverner marchaient sur les traces des Wasingthon, des Franklin, des Guillaume Penn et des Lincoln. Et si le véritable parti républicain reniait comme ses partisans cette tourbe qui se dit républicaine et qui n'est, en réalité, que la perturbatrice du repos public; abusant toujours du meilleur des principes de la justice humaine, elle en retarde l'application par son intolérance et les excès qu'elle croit pouvoir commettre lors de son avènement.

Pour atteindre plus vite et plus sûrement ce but, il est indispensable que la grande majorité de la Nation veuille coopérer à cette grande œuvre, aussi nécessaire que patriotique. Mais si les Républicains ne veulent fonder que le gouvernement d'un parti, ils échoueront éternellement. Napoléon, avec son bras de fer et le prestige d'une gloire sans pareille, ne put jamais parvenir à dompter l'opinion publique.

La République ne vivra jamais en France que par l'application de son principe: justice pour tous et liberté pour tout le monde. Aujourd'hui les Français sont trop instruits et pas assez indifférents à la chose publique pour supporter le despotisme d'un gouvernement, quelle que soit son origine ou sa force.

Il y a une foule d'imbéciles et de fripons qui pensent que sous ce régime gouvernemental il est permis de tout faire. Eh bien ! ce gouvernement, au contraire, punit plus rigoureusement tous les délits, toutes les actions qui sont contre les mœurs, et l'attentat à la propriété d'autrui.

Voici, du reste, la prescription des devoirs de tous les citoyens : l'amour de la Patrie, l'obéissance aux lois, l'abnégation de soi-même, le désintéressement, le respect à la religion, et la tolérance pour tous, quelles que soient leurs opinions religieuses et politiques. Voilà ce qu'il faut pratiquer pour être sincèrement républicain. J'ai entendu parfois des charlatans politiques, grands rechercheurs d'emplois, dire au peuple avec assurance : Sous la République, les vivres sont toujours bon marché. C'est une erreur qu'il faut détruire. Attendu qu'aucun gouvernement n'a le pouvoir ni la volonté d'augmenter le prix des céréales. L'abondance des récoltes est la cause de la baisse des produits alimentaires, et la disette peut seule les faire renchérir.

En traitant ce sujet dans l'intention de prévenir désormais tous les malentendus et les désordres qui empêchent d'établir définitivement la République en France, je dirai franchement toutes les causes qui l'ont perdue et qui ont retardé son véritable avènement.

Il ne faut pas se dissimuler que bien des préjugés existent encore contre la confiance qu'on doit lui accorder. Allons carrément au-devant de ces objections et réfutons-les.

Des personnes timorées se figurent que leur bien et leur vie seront compromis et qu'elles ne seront plus libres de professer leur religion selon les aspirations de leur conscience. Voyez, disent-elles, si la propriété fut respectée en 1793, et si les assassinats juridiques n'eurent pas lieu? Cela est vrai, mais aujourd'hui les temps ne sont plus les mêmes. La division de la propriété a fait autant de défenseurs de l'ordre qu'il y a de parcelles d'immeubles, et ils se comptent par millions. Quant aux excès de cette époque néfaste, chacun de nous les condamne et les déplore, toutefois il faut remarquer qu'ils furent l'œuvre de cette minorité turbulente, qu'on appelait la Montagne. Or, dans l'esprit de ces hommes audacieux, ce gouvernement ne pouvait se fonder que par des lois draconiennes ; les grandes fortunes comme les grands noms leur portaient ombrage ; ils croyaient qu'il était possible de tout niveler, sans songer que les grands noms renaissent de leur cendre, et que les fortunes, filles de l'économie et de l'industrie, se perpétueront d'âge en âge, ainsi que la pauvreté, qui n'est pas toujours causée par le malheur, mais bien souvent par la paresse et l'inconduite. Pour arriver plus vite à leur but, ils enchaînèrent la liberté de la presse, seul moyen de faire entendre la vérité aux despotes et de défendre les droits d'une Nation opprimée. On brûlait le *Vieux Cordelier*, journal de Camille Desmoulins, fier républicain qui défendait des principes plus modérés, et qui répondait à Robespierre que brûler n'était pas répondre. On chargea le bourreau de la réponse. Celui-ci lui coupa la tête, moyen bien sûr de trancher la question.

De pareils faits ne sont plus à redouter à l'avenir ; le fanatisme politique diminue de jour en jour pour faire place à la tolérance que donne à son tour l'instruction, et les gouvernements n'ignorent pas que la violence ne peut durer qu'un temps bien court pour faire place à la justice.

Bien convaincu de cette vérité, le Gouvernement provisoire de 1848, reconnaissant l'injustice et l'inutilité des moyens extrêmes, se hâta de décréter l'abolition de la peine de mort en matière politique, mesure pleine de sagesse et d'humanité qui fit un grand nombre de prosélytes à ce pouvoir nouveau. Malheureusement les hommes qui sont appelés à gouverner le pays après une révolution veulent tout bouleverser ; on commence par changer une grande partie des hommes en place, sans considération des droits acquis ou des services rendus. Ils sont remplacés par d'autres qui n'ont bien souvent ni le savoir, ni les capacités, ni l'expérience des affaires administratives.

Mais il n'est pas question en cela de savoir qui administrera le mieux dans l'intérêt du pays ; c'est à qui aura les emplois pour en palper les émoluments. D'ailleurs la curée avait été promise et les contribuables condamnés aux frais de ces nouvelles installations. Qu'arrive-t-il alors ? Il advient que les employés qu'on renvoie sans de justes motifs, deviennent des adversaires irréconciliables de l'ordre de choses établi ; le public prend fait et cause pour eux, autres ennemis. Voilà comment les gouvernements perdent l'estime publique, présage de leur chute.

Pour éviter ce danger, il faut que ceux qui disposent du pouvoir répondent aux empressés : Nous voulons avant tout le bien du pays, en conséquence nous donnerons les emplois aux plus dignes et aux plus capables, à mesure que les places deviendront vacantes ; nous révoquerons tous ceux qui se montreront hostiles au Gouvernement de la République ou qui ne rempliront pas le devoir de leurs charges.

Telle fut la conduite de Louis XVIII, de ce grand politique qui mourut tranquille au pied de son trône. Il disait dans sa déclaration de Saint-Ouen : Rien ne

sera changé en France; il n'y aura qu'un Français de
plus.

Voilà la conduite que devra tenir le Gouvernement de
la République, et le peuple applaudira,

> Car c'est pour le public une chose moins aigre
> D'entretenir un gras que d'engraisser un maigre.

Pour ce qui touche à la liberté des cultes, le Gouvernement de la République doit protéger la religion, non-
seulement comme une institution divine, mais aussi
parce qu'elle est la consolation des pauvres et affligés
et qu'elle soutient moralement les pauvres dans leur pénible labeur par l'espérance en la justice de Dieu.

Le clergé doit avoir confiance en la protection que ce
Gouvernement lui accordera, protection aussi nécessaire
que bien méritée. Car il faut reconnaître qu'il est le corps
le plus savant et le plus considérable de l'Etat, que ses
mœurs sont irréprochables, et qu'il n'est point ennemi des
lumières ni des libertés publiques; rien ne lui fait peur
que la démagogie. Voyez s'il n'est pas républicain aux
Etats-Unis, au Mexique, au Chili, au Paraguay, partout
enfin où les Républiques se sont constituées par la volonté
de la Nation. Il en sera de même en France quand la
presse radicale cessera de le ravaler. Chaque institution
a son mérite: le clergé défend la morale, instruit l'homme
de ses devoirs, le console dans le malheur et lui montre le
ciel pour récompense de ses vertus.

La presse, en général, défend les libertés publiques,
discute les actes du pouvoir, porte la lumière dans les
questions difficiles à résoudre, signale à l'autorité supé-
rieure les abus de telle ou telle administration, indique
les moyens pour opérer certaines réformes, répare autant
que possible les grands malheurs à l'aide des souscrip-
tions qu'elle ouvre dans les journaux; en un mot, elle

est le secrétaire perpétuel de l'opinion publique. Qu'elle joigne à ces grandes qualités, le respect pour la religion, et qu'elle défende les institutions qui soutiennent l'édifice social, alors elle aura bien mérité de la Patrie.

IV

J'ai parlé ailleurs de l'antagonisme qui existe entre ceux qui possèdent le superflu et ceux qui manquent souvent du nécessaire, et je crois avoir indiqué le remède qui pourrait améliorer le sort des travailleurs.

Voici maintenant une autre cause de trouble qui pourrait devenir très-sérieuse et qu'une explication bien franche doit faire cesser.

Je veux parler de la dissidence que font naître entre les villageois et les campagnards les luttes électorales.

Je crois être dans le vrai en affirmant qu'une entente fraternelle est rigoureusement nécessaire entre les deux camps pour fonder la République. N'oublions jamais que si l'unité fait la force des nations, la fraternité conserve la paix dans le monde. Quoi qu'il en soit de cette divergence d'opinions, je crois que les uns et les autres veulent le bonheur de la France. Puisqu'il en est ainsi, unissons-nous tous, pour atteindre ce but. Peut-il y avoir haine ou rivalité entre ceux qui labourent les champs et ceux qui travaillent dans les boutiques ou les ateliers? Est-ce que tous les ouvriers ne sont pas méritants? Et si le travail est pénible, n'oublions pas qu'il est toujours honorable ; aidons-nous donc mutuellement les uns les autres, et le fardeau de chacun en sera plus léger. Le travail de l'atelier est rude et captivant ; ceux qui travaillent dehors supportent la pluie et la chaleur du jour. Voyez le laboureur courbé sur sa charrue, arrosant la terre de ses sueurs pour la féconder, afin qu'elle produise la nourriture si nécessaire à chacun de nous ; il marche entre la crainte des orages et l'espoir d'une bonne récolte ; l'espérance le soutient, la fatigue lui procure le sommeil, et, le devoir accompli, la paix de la conscience.

Généralement les campagnards sont économes ; isolés des plaisirs qu'on trouve dans les villes, et des distractions qu'on achète dans les cafés, ils accumulent les épargnes de chaque jour afin d'acquérir la parcelle de terre du propriétaire dissipateur. Ils sont humains envers les malheureux. Les pauvres trouvent toujours chez eux une place pour les abriter, et les voyageurs un gîte pour la nuit. Voyez comme ils sont heureux quand les citadins vont les visiter ! c'est à celui des membres de la famille qui leur fera le plus de prévenance, et le respect qu'ils ont pour eux prouve combien ils estiment l'instruction, qui est presque toujours l'apanage de ces derniers. On leur reproche sans raison de vouloir vendre leurs produits au cher denier, en oubliant trop facilement que depuis que le commerce a lieu, les vendeurs de toute sorte ont toujours des prétentions excessives, tandis que les acheteurs voudraient toujours les choses bon marché.

On les blâme également de voter presque toujours contre les candidats qui veulent le progrès et l'établissement de la République. Il faut considérer d'abord que presque tous les campagnards sont propriétaires ; le plus pauvre d'entre eux possède un lopin de terre qu'il a acquis à la sueur de son front, de sorte que ces honorables citoyens craignent toujours de compromettre l'avenir par des innovations trop précipitées. Tandis que ceux qui ne possèdent rien voteraient presque tous pour le Diable pourvu qu'il leur promît de tout bouleverser.

Il ne faut donc pas les accuser de modérantisme quand leur prudence peut nous être si nécessaire pour arrêter l'élan bien naturel mais trop impétueux du caractère français, si admirablement peint par M. de Châteaubriand quand il dit.

« Chaque peuple a son défaut : celui du peuple
» français est d'aller trop vite, de renverser tout, de se
» trouver de l'autre côté du bien au lieu de se fixer dans
» ce bien quand il le rencontre. Au moral comme au
» physique, nous nous portons sans cesse au-delà du but.
» Nous foulons aux pieds les idées, comme nous passons
» sur le ventre des ennemis : nos conquêtes auraient dû
» s'arrêter au Rhin, et nous avons couru à Moscou, et
» nous voulions courir aux Indes. »

A ces considérations, il faut ajouter que les électeurs des communes rurales sont plus nombreux que ceux des villes, et qu'ils votent presque toujours avec un ensemble parfait. Ce qui prouve encore une fois qu'il est indispensable de faire alliance avec eux pour fonder définitivement la République sur des principes de justice et d'ordre public. Telle est la tâche dévolue aux comités électoraux des grands centres de populations ; espérons qu'ils trouveront dans leurs lumières et leur sagesse des moyens raisonnables pour que cette combinaison puisse avoir lieu à la satisfaction de tout le monde.

V

Je ne puis résister au désir de tracer rapidement les émotions que je ressentis à la révolution de 1848. J'espère qu'on me pardonnera. Cette digression pourra profiter aux partisans zélés de telle ou telle cause et donnera à mes adversaires des renseignements précis sur ce qu'ils appellent ma désertion du camp républicain. On se souvient qu'à cette époque la République fut proclamée avec un grand enthousiasme. Le Gouvernement de Louis-Philippe, qui avait protégé les idées libérales, devait conséquemment glisser et se perdre dans la République. Le peuple se montra sublime par le respect qu'il porta à la religion et à ses ministres ; et la délicatesse qu'il montra quand il fut maître du pouvoir, prouve sa générosité et son désintéressement. En ce temps-là une grande partie de la Nation croyait franchement que l'heure était venue de proclamer ce Goüvernement populaire ; il est certain que jamais époque ne fut plus favorable ; mais l'incurie et la division du Gouvernement furent une des causes de sa perte. L'unité et l'énergie manquèrent à ce pouvoir nouveau qui se laissa déborder par mille prétentions qu'on ne pouvait satisfaire. D'un autre côté, les grands propriétaires et les capitalistes, en retirant leurs capitaux de la circulation, firent disparaître le travail, ce qui amena forcément la création des ateliers nationaux, chantiers de paresseux dont le travail ne produit jamais de bons résultats. C'est véritablement un malheur, mais surtout une grande faute de faire cesser le travail après une révolution. Les conséquences en seront toujours funestes pour les grands comme pour les petits L'ouvrier ne doit jamais être distrait de son travail, sous peine de devenir vicieux ; le devoir lui commande de donner du pain à sa famille, et on l'envoie travailler pêle-mêle avec ceux qui lui prêcheront de mauvaises doctrines et qui lui donneront de mauvais exemples.

Mais si le travail manque, il faut que l'Etat et la Commune interviennent dans ces moments de crise en fondant des ateliers de secours. Songez donc que c'est vous, hommes riches, qui versez à l'Etat ou à la Commune l'argent nécessaire à l'entretien de ces ateliers dangereux. Puisqu'il en est ainsi, ne cessez donc pas de faire travailler l'ouvrier pour votre compte ; que le travail des champs ne soit point abandonné ; ne laissez pas chômer l'ouvrier des villes ; soutenez même s'il le faut les industries nationales ; souvenez-vous toujours que l'homme de bien n'emporte en mourant que ce qu'il a donné.

Une autre cause non moins funeste fut la tolérance du pouvoir pour ce nombre considérable de clubs qui s'installèrent dans toute la France. Ces assemblées commencèrent d'abord par être calmes, puis tumultueuses, plus tard révolutionnaires ; aussi quand le Gouvernement voulut les faire fermer, il était trop tard ; les prétendants de toute sorte avaient usé sa force morale, il n'avait plus la confiance du pays, l'opinion publique était contre lui. Grande leçon pour l'avenir !

Je me rappelle avec plaisir le grand contentement que j'éprouvais dans ces soirées, où chaque citoyen se montrait jaloux d'émettre ses idées pour opérer les réformes nécessaires aux besoins de la Nation. Les motions sérieuses se confondaient quelquefois avec les plus risibles et les plus extravagantes selon le caractère ou l'esprit de ceux qui les faisaient. Ce qu'il y avait de curieux dans ces assemblées, c'est que nous pensions tous que nos délibérations faisaient force de loi, et qu'elles étaient prises en grande considération par le Gouvernement provisoire. Ce ne fut que plus tard que j'appris, à mon grand regret, que toutes nos propositions législatives servaient à allumer le feu dans les cheminées du Ministère de l'Intérieur. O vanité ! S'il était permis de parler de soi, je dirais que mon zèle fut à la hauteur de mon dévouement. J'avais vingt ans et un cœur qui débordait de patriotisme et de générosité ; une élocution facile, bienfait de la nature, me permettait chaque soir de faire un discours applaudi qui m'encourageait à en faire un autre le lendemain, pendant que je négligeais avec étourderie le travail que je devais faire chaque jour.

Mais hélas ! cet élan patriotique ne dura que quelque temps ; les hommes d'expérience se retirèrent, je crus prudent de les suivre, de sorte qu'il ne resta que les intrigants et ceux qui ont la bonté de leur servir de marche-pieds en s'exposant à compromettre leur position et à perdre leur liberté. Malheureusement, c'est ce qui arriva.

J'ai toujours remarqué que le zèle et le patriotisme contrariaient le pouvoir, quel qu'il soit. Les grands dignitaires, comme les autres employés, sont mécontents de voir que d'autres citoyens ont de meilleures idées qu'eux, sur telle ou telle question gouvernementale ou administrative. Les services de ce genre ne sont jamais récompensés.

A cette époque j'avais employé mon peu de crédit à faire réussir la candidature de M. X........, très-honorable citoyen dont je tairai le nom. Je n'ai jamais reçu tant de politesses de la part d'un homme qui, par la position qu'il occupait dans le monde, était sans contredit beaucoup plus que moi. Après son élection et pendant les vacances de la Représentation nationale, je le rencontrai dans la ville; au moment où j'allais l'aborder pour le complimenter, le représentant du peuple me tourna le dos; il se figurait peut-être que j'allais lui demander l'aumône. Savez-vous comment je nomme ces gens? D'illustres ingrats! qui m'ont guéri de l'ardeur d'aller les patronner dans les réunions publiques.

Quoi qu'il en soit, rien n'est plus dangereux pour le Gouvernement de la République que l'existence des clubs, et rien n'est moins profitable à la société. Si on veut instruire le peuple qu'on fasse pour lui des cours d'histoire, de géographie, de mathématiques simples, toutes choses qui lui seront profitables.

VI

Il y a deux choses que tous les honnêtes gens désirent bien vivement : c'est la tolérance politique et la probité dans la politique. Arrière les coquins qui veulent que la force prime le droit. Si cette maxime venait à prévaloir, la justice quitterait la terre, et l'égoïsme sauvage remplacerait, dans le cœur de l'homme, les sentiments les plus délicats.

Nous avons versé des torrents de sang pour conquérir la tolérance religieuse ; le fanatisme fut d'une rigueur extrême dans le XVIe siècle. Les catholiques et les protestants commirent tour à tour des crimes épouvantables qui furent en partie l'œuvre de cette politique criminelle et astucieuse qui se venge de ses ennemis au nom d'un Dieu d'amour.

L'idée de la *Saint-Barthélemy*, prit naissance dans cette Cour corrompue dont la reine ne voulait élever que des roitelets pour gouverner le beau royaume de France. Pour être véridique, il faut mentionner avec les historiens que les deux partis s'en donnaient à cœur joie lorsqu'ils étaient les plus forts.

Dans cette lutte fratricide, les protestants n'ont rien à reprocher aux catholiques sous le rapport de la cruauté. Si la *Saint-Barthélemy* eut lieu avec ses horreurs, les protestants, à leur tour, comblèrent le puits de l'évêché de Nîmes avec les corps des catholiques vaincus, mais encore vivants. Et le capitaine Merle fit écorcher vifs trois religieux après la prise de l'Abbaye d'Issoire, en Auvergne.

Voilà des exploits qui font frémir d'horreur et que je ne rappelle que pour faire voir tout ce que peut produire l'esprit de parti arrivé à son paroxisme.

Si nous jetions un coup-d'œil sur les crimes révolutionnaires, nous verrions également qu'ils n'ont été produits que par le fanatisme politique. En effet, quand les partis se disputent le pouvoir, ils ne reculent devant aucun moyen pour arriver à leur but ; mais le principe inexorable dans ses conséquences produit toujours les mêmes effets ; c'est-à-dire, que la vengeance appelle la vengeance, et les représailles amènent les représailles. Celui qui fait couler le sang de ses semblables pour des raisons politiques, verra couler le sien à son tour, et les Français se sont ensevelis bien souvent sous les ruines qu'ils avaient faites.

Quand donc comprendrons-nous que nous devons nous respecter les uns les autres, quelles que soient nos opinions politiques et religieuses? Quel mal y a-t-il qu'un cordonnier républicain fasse nos souliers pourvu que nous soyons bien chaussés? Et si notre tailleur d'habits a des idées libérales, pouvons-nous lui en vouloir pour cela si nous sommes bien habillés? Croyez-vous que je voudrais manquer de déférence envers mon voisin, très-bon légitimiste? Dieu m'en garde; je déteste trop le despotisme pour vouloir toucher à la liberté d'autrui. Chaque citoyen doit être libre d'émettre ses idées en public, de les faire imprimer ; c'est tout naturel puisqu'il en a le droit. Cela m'est bien égal, pourvu qu'il ne porte aucun tort à ma réputation et à mon commerce.

La fille de Cromwell, protecteur de la République

d'Angleterre, était royaliste, et son père l'aimait tendrement. Milton, le grand poète, sauva la vie à Lovelace, autre poète royaliste et malheureux. A la **Restauration** de Charles Ier, Lovelace sauva la vie, à son tour, à l'immortel écrivain. Rien n'est touchant comme la générosité pour les opinions politiques.

Le suffrage universel ayant nivelé les droits de chaque citoyen, il peut en user selon son discernement et son bon plaisir, et quelle que soit la couleur de son bulletin, il doit être respecté. Mais quand les élections sont terminées, nous devons incliner la tête devant le verdict rendu par la Nation. C'est logique autant que nécessaire pour l'ordre et la marche des affaires. Si l'électeur s'est trompé, tant pis, car bien souvent il le fait de bonne foi. Mais il n'en est pas de même des députés à qui les électeurs ont accordé leur confiance ; car si le Gouvernement commet des fautes, elles retomberont sur eux s'ils les ont approuvées par faiblesse ou en vue d'un intérêt personnel. Ainsi, quand cette question est résolue, tout doit tomber dans le silence ; nul ne doit rallier la minorité ; les vaincus de la lutte électorale sont aussi honorables que les vainqueurs.

J'ai vu avec une peine extrême des myrmidons politiques, se parant du titre de républicains, manifester un profond dédain envers les personnes qui n'avaient pas les mêmes idées qu'eux. Peut-on être si bête !

Croyez-vous qu'il vaille la peine de fâcher ses parents et ses amis pour des gouvernements, n'importe la couleur, qui n'ont jamais protégé que ceux qui gouvernent ? Lisez l'histoire et vous verrez la reconnaissance que les divers pouvoirs ont gardée envers ceux qui se sont sacrifiés pour leur triomphe. Neuf cent mille âmes périrent en Vendée pour soutenir la cause de la Royauté, et quand la Restauration eut de nouveau ressaisi le pouvoir, elle ne se souvint plus des enfants de ces martyrs sans nombre qui moururent pour leur roi et leur religion. Il n'y eut que M. de Châteaubriand qui éleva la voix en faveur de ces pauvres orphelins, dont les chaumières avaient été incendiées par les bleus et qui n'avaient pas un abri pour reposer leur tête.

Après la Révolution de Juillet 1830, rien n'était grand comme les héros qui combattirent pour la liberté dans les trois mémorables journées, mais leur renommée diminua de jour en jour, et quand le nouveau Gouvernement fut consolidé, il écarta les braves qui avaient conquis pour le souverain le plus beau trône de l'Univers. Le pouvoir les détestait à cause de leurs mérites et de leur popularité. Aussi quand ils s'insurgèrent pour réclamer les promesses qu'il avait faites à la Nation, on les fit mitrailler dans la rue Transnonain et dans le cloître Saint-Merry ; ceux qui échappèrent au massacre furent déportés.

Voilà l'histoire des révolutions. Le peuple verse son sang pour des intrigants qui se cachent pendant la bataille ; quand elle est gagnée, les trembleurs sortent de leurs cachettes pour s'emparer du pouvoir avec des promesses et de belles phrases, et laissent ensuite ces braves ouvriers dans le registre des oubliettes et dans une misère plus grande qu'auparavant.

Allez donc vous faire casser la tête ou vous faire exiler pour avoir le plaisir de changer de maître et payer les frais d'installation, ce qui coûte fort cher, comme vous allez le voir tout à l'heure. Je désire que la leçon que nous pourrons tirer de ces comparaisons puisse nous être profitable.

Le budget du premier Empire (1808)
s'élevait à la somme de .... 772,774,445 ʳ

Le budget de la Restauration (1816) montait à la somme de................   871,254,940ᶠ

Celui de Louis-Philippe (1832) atteignait le chiffre de................   1,129,934,290.

Enfin celui du second Empire (1866) chiffrait........................   1,848,052,290

Je renonce à publier celui d'aujourd'hui, tant il est effrayant. Quand je pense que le peuple a fait trois révolutions pour faire diminuer ses charges et qu'elles n'ont fait qu'augmenter, mon cœur se brise à ce souvenir, tout en reconnaissant que ce n'est pas en changeant tous les jours de gouvernement que nous pourrons améliorer notre position.

Voilà le motif qui me fit écrire un plaidoyer à l'Empereur, en faveur des classes laborieuses, pour demander les réformes que nous attendions de son Gouvernement. Je n'avais rien à solliciter pour moi, me complaisant trop à la vie rustique des jardins pour aller solliciter un misérable emploi, mais comme j'avais parlé à César avec un grand respect (ce dont je ne suis pas fâché) quelques badauds pensèrent que je m'étais vendu (1) à ce pouvoir. Halte-là, Messieurs, savez-vous que vous me donnez une valeur que je n'ai pas. Croyez-bien que si un Gouvernement achète quelqu'un, c'est qu'il en vaut la peine. Or ce ne sera jamais un chétif écrivain comme moi, mais bien un homme d'un grand talent, capable de défendre le bien comme le mal, et dont les sentiments sont aussi plats que les écus dont on paie sa besogne.

(1) Les censeurs de ma conduite politique auraient dû savoir que je n'ai jamais vendu que des légumes, de si bonne qualité que lorsque je les ai présentés dans les Expositions d'Horticulture ; ils ont toujours obtenu le grand prix d'honneur, que je conserve précieusement, et que les Gouvernements ne me raviront jamais.

Une autre chose que je ne puis garder sur le cœur et qu'il me tardait de publier : Un jour je fus traité de saufeur et de paillasse par un fameux républicain qui, par dévouement pour la France, sans doute, quitta son pays et traversa les Alpes en qualité de ramoneur, pour venir à Bergerac empêcher les cheminées de fumer dans la vallée de la Dordogne. Je n'ai pas oublié ces épithètes que personne ne mérite autant que lui, et je les lui renvoie avec mon dédain.

Non, jamais je ne serai assez complaisant pour m'attacher à un gouvernement qui ne fera pas le bonheur de la France ; qu'il soit Empire, Royauté ou République, je crois aux principes mais non à l'infaillibilité des gouvernants ; or, comme je suis indépendant par caractère et par position, je me réserve le droit d'examen sur les actes du pouvoir afin de blâmer ou d'applaudir, selon les circonstances. En cela, je suis libre-penseur.

VII

Le lecteur a dû remarquer dans cet écrit que je ne cherchais pas à faire ressortir les avantages du Gouvernement républicain. J'ai mieux aimé faire connaître les causes qui l'ont perdu et qui le perdront toujours si les leçons que donne le passé ne profitent point pour l'avenir. Semblable au pilote généreux, sans en avoir l'expérience, je signale les écueils qui l'ont fait sombrer.

Je ne veux pas non plus vanter le fruit d'un arbre que les Français ne savent pas encore cultiver et qui ne pourra mûrir qu'à l'aide de la sagesse et de la prudence.

Je n'imiterai pas l'honorable M. Delpit, qui a fait plus en quelques lignes pour propager ces principes que je ne pourrai le faire en écrivant toute ma vie.

Selon lui, la République, c'est l'âge d'or; son institution doit faire couler pour le peuple un nouveau Pactole, les ouvriers ne manqueront de rien, tous les abus seront sarclés, et l'égalité trônera en souveraine au sanctuaire de la justice. Je voudrais bien savoir quel est le mobile qui a porté cet excellent écrivain à tromper les électeurs sur les avantages que devait nous procurer l'établissement de ce Gouvernement, si les promesses qu'il leur a faites ne peuvent point se réaliser. Mais si les réformes par lui demandées en 1848 sont justes et nécessaires, comme il l'affirme si énergiquement, pourquoi n'en parle-t-il pas en 1873, alors qu'il est au pouvoir? A-t-il voulu tromper ses concitoyens? Non sans doute, je crois plutôt que les cœurs généreux se font illusion quand ils veulent soulager la misère de leurs semblables, et que, faute de pouvoir réaliser leurs projets, ils nous donnent au moins l'espérance. Quoi qu'il en soit, cette tactique est très-blâmable; on ne doit jamais publier des doctrines qu'on n'a pas le courage de soutenir. Or, comme je ne ferais que rapetisser les idées de l'auteur, je préfère citer quelques passages de la lettre qu'écrivit cet homme d'Etat en 1848 aux électeurs de la Dordogne. Le public comparera les théories du grand économiste avec les actes du député de cette circonscription, l'un des membres de la Commission des Trente en 1873.

Voici comment s'exprime le savant antiquaire :

» Un mot sur la politique pure :

» J'ai été toujours républicain par principe et par » caractère ; je n'ai jamais donné dans l'illusion d'une » Monarchie entourée d'institutions républicaines; je ne » veux pas d'une République flanquée d'institutions mo- » narchiques (pag. 8).

» Quant aux réformes :

» L'Etat devra se charger au plus tôt de toutes les » assurances, et plus tard de tous les transports » (pag. 7).

» Il faut voter au plus vite l'impôt proportionnel pro- » gressif. Si l'impôt foncier est en général du cinquième » environ du revenu, il est clair qu'un citoyen pauvre » n'ayant qu'un revenu de cinq cents francs, est bien au- » trement affecté d'une contribution de cent francs, qu'il » le serait d'un impôt de deux mille, s'il avait dix mille » livres de rente. L'impôt, dans le second cas, n'attaque

» que le superflu ; tandis que, dans le premier, il prend
» sur le nécessaire (pag. 7).

» Il est juste que les rentiers contribuent aux charges
» de l'Etat (pag. 7).

» Il me serait impossible d'admettre que dans une
» République il dût y avoir des fonctionnaires rétribués
» de plus de six mille francs par an (pag. 8).

» Suppression de l'impôt du sel (pag. 5).

» Il faut qu'à Paris et dans les grands centres de
» population, et selon la mesure du possible, l'Etat
» vende, au prix de revient, le pain, le vin, et la
» viande (pag. 5).

» L'Etat devra prévenir l'accaparement des grains et
» veiller à ce que le froment ne dépasse pas vingt francs
» l'hectolitre, résultat facile à obtenir (pag. 5).

» Un ministère de la justice devra être institué ; le
» corps médical organisé. Il est de toute justice que le
» Gouvernement de la République s'occupe des plaisirs
» du peuple (pag. 7).

» Les impôts indirects frappent exclusivement, on l'a
» démontré maintes fois, sur les consommateurs ; pour-
» quoi les maintenir?

» Les octrois renchérissent les denrées alimentaires de
» la manière la plus fâcheuse pour les habitants des
» villes. En faisant obstacle à la consommation, ils portent
» un préjudice notable aux producteurs, à l'agriculture,
» et nuisent par conséquent à tout le monde. L'octroi est
» une source de gêne et de vexations sans nombre que
» des hommes libres ne peuvent continuer à supporter.
» C'est pour la liberté du commerce intérieur une entrave
» qui rappelle les barrières seigneuriales du Moyen-Age ;
» alors, on le sait, les denrées et les marchandises étaient
» sujettes à des péages qu'il fallait acquitter à cha-
» que pas et qui arrêtaient partout la circulation. L'octroi

» n'est pas seulement une cause de vexation et de perte
» pour tous, il est essentiellement injuste, dans son as-
» siette, et viole au premier chef cette loi de toute démo-
» cratie : l'égalité devant l'impôt. A Paris, par exemple,
» une pièce de vin le plus grossier, de celui auquel la
» bourse de l'ouvrier peut atteindre, vaut de quarante à
» cinquante francs, et est grevée d'un droit de quarante-
» cinq francs, ce qui en double le prix. Le riche qui
» achète une pièce de vin de Laffitte de mille ou quinze
» cents francs, ne paie également qu'un droit d'entrée de
» quarante-cinq francs, et le prix, loin d'être doublé, n'est
» augmenté que dans une proportion insaisissable. Ce
» n'est pas tout : l'octroi amène la fraude et avec elle
» toutes les falsifications qui altèrent, dans sa source,
» la vie, la santé et les forces de la population ouvrière.
» Supprimez l'octroi et vous supprimez du même coup
» ces boissons frelatées, ces drogues infâmes que l'on
» distribue chaque jour au peuple de nos grandes
» villes.

» En vain on objecterait que les villes ont besoin de
» revenus. Aux États-Unis, en Angleterre, il n'y a point
» d'octroi, et la police, l'éclairage, le pavage, tout ce
» qui constitue le ménage municipal, y est mieux fait,
» mieux entendu que dans nos cités. Ce qui est possible
» à Londres, à New-York, l'est apparemment à Paris, à
» Rouen, etc. »

Je termine ces citations par ces paroles mémorables
que les incrédules peuvent méditer et qui sont d'un
grand poids, sorties de la plume de ce savant écrivain :

« Je crois au dogme de la souveraineté des peuples,
» et, dans ma conviction, l'avenir appartient à la démo-
» cratie ; je ne crois pas seulement à la nécessité actuelle

» de la République, mais à sa légitimité, à sa puissance, à
» sa durée. »

Je regrette de ne pouvoir énumérer toutes les réformes
qui sont proposées dans la lettre de notre compatriote,
dont le contenu respire les sentiments les plus huma-
nitaires.

Quel dommage qu'un écrivain de talent comme
M. Delpit, ne se soit pas souvenu à Versailles de la
République, ni du bien qu'il voulait faire à son pays
en 1848. Par la haute position qu'il occupe à la Chambre,
il pouvait conquérir l'estime et la reconnaissance de tous
ses concitoyens. Des rancunes, qu'un homme de bien ne
doit jamais avoir, lui ont fait garder un silence qui porte
un grand préjudice à nos intérêts et à sa réputation
d'homme public.

VIII

Je termine ce petit écrit par les considérations suivantes :

Que veut le pays? La stabilité d'un Gouvernement librement élu par la Nation pour la gouverner.

La stabilité donne la sécurité, de la sécurité naît la confiance qui enfante le travail et contribue puissamment à la marche des affaires.

Comment obtenir ce résultat? Par des élections générales qu'il est urgent de ne pas retarder à cause du mécontentement qui existe et passionne chaque jour davantage les esprits, de telle sorte que les électeurs les plus modérés peuvent devenir radicaux.

Il ne faut pas se dissimuler que la France se trouve dans un moment très-critique ; chaque nuit nous nous couchons sur un volcan qui peut faire éruption d'un moment à l'autre, et nous pourrions nous éveiller au son du tambour révolutionnaire, musique qui n'est pas agréable à l'oreille et qui coûte souvent fort cher. Les députés de la Droite croient que la France est monarchiste, tant mieux si cela doit nous rendre plus heureux ; mais alors pourquoi différer davantage les élections, quand ce retard est si préjudiciable à la Nation et qu'il peut être cause de grands malheurs, tandis que la grande partie des citoyens intelligents veulent la République, attendu, disent-ils, qu'il n'y a que ce Gouvernement qui peut nous donner la paix et la prospérité ?

Voici pourquoi je partage leur opinion :

Depuis 1789, ni l'Empire ni la Monarchie n'ont pu régner plus de vingt ans, qu'ils se soient servis du sabre, de la Constitution ou de la Charte ; et chaque fois qu'un trône a croulé, la Nation a failli faire banqueroute. En 1792, la moitié de la fortune immobilière de la France, appartenant à la noblesse ou au clergé, fut vendue au premier acquéreur pour quelques assignats, et beaucoup de ces propriétaires perdirent corps et biens dans la tourmente révolutionnaire. Il est vrai que cette épouvantable catastrophe n'eût pas eu lieu, si on avait laissé faire Turgot, qui, d'accord avec le Roi, voulait faire toutes les réformes nécessaires à la Nation. Malheureusement le parti de la Reine l'emporta, ce qui occasionna la retraite du savant ministre et fit dire à l'infortuné Monarque : « Il n'y a, en France, que M. Turgot et moi qui aimons le peuple ! » Paroles sublimes qui peignent bien le cœur du roi-martyr.

Mais la noblesse croyait que la Révolution ne serait qu'un orage qui passerait vite. Oui ce fut un orage, mais ce fut un orage épouvantable dont les secousses se font encore sentir et qui peut revenir peut-être plus terrible que la première fois, si on ne se hâte d'y porter remède.

La Révolution de Juillet, quoique pacifique, ne faillit pas moins mettre le feu aux quatre coins de l'Europe, et pour changer de Monarque et la couleur du drapeau, il fallut vendre pour deux cent millions de bois de l'Etat, prêter trente millions au commerce, augmenter les impôts de cinquante-cinq centimes sur le principal de la contribution foncière, et de trente centimes sur la contribution des patentes, et le chômage dura deux ans !

En 1848, ce fut la même chose. Le peuple fait les révolutions pour avoir la République, afin de voir diminuer ses charges : il veut ce gouvernement parce qu'il est moins coûteux, qu'il s'harmonise mieux avec les idées modernes et qu'il promet mieux que tout autre l'égalité devant la loi.

Tous les hommes de bonne foi savent très-bien que ce Gouvernement est plus facile à faire fonctionner que les autres, et que s'il n'est pas encore fondé, c'est que les grands et les puissants ne le veulent pas servir avec dévouement et abnégation (et soit dit entre parenthèse, ce n'est pas un déshonneur de servir son pays sous la République, véritable Gouvernement de la Nation). Il est bien évident que si les sommités de l'intelligence et de la probité, laissent le pouvoir aux ambitieux et aux incapables, il ne pourra que sombrer. Alors on criera : Vous voyez bien que la République n'est pas possible. Heureusement que ce système de dénégation est usé jusqu'à la corde. S'il s'agissait d'une République démocratique dans toute la force du mot, il y a mille raisons pour croire son établissement impossible, ainsi que je l'ai fait remarquer ailleurs ; mais il s'agit de la République représentative : La Nation confiant le pouvoir aux citoyens les plus probes et les plus intelligents pour la gouverner. Or, ce gouvernement, outre ses moyens d'économie, présente un avantage immense sur la monarchie, car si le Président de la République ne convient plus à la Nation, on peut le changer sans trouble ni effusion de sang, comme on l'a fait au 24 Mai ; tandis que, dans la Monarchie, il faut garder le Monarque, fût-il encore plus imparfait ; on ne peut s'en débarrasser qu'au moyen d'une révolution, et je crois qu'il serait bientôt temps d'en finir avec elles.

Reste maintenant à examiner les chances d'un coup d'Etat, pour donner le trône à l'un des trois prétendants.

D'abord, je crois que nos députés n'ont ni mission ni qualité pour élire un Monarque de leur choix ; la Nation est seule souveraine et compétente pour trancher cette grande question. Toutefois, si nos représentants usaient de leur pouvoir pour placer un Roi sur le trône, outre les malheurs que cette mesure pourrait entraîner, je les supplie de considérer que l'épée de Damoclès sera toujours suspendue sur la tête de leur préféré, et la révolution fera faction à la porte de son palais, afin de profiter de la première faute ou du premier revers pour s'emparer du pouvoir et proclamer de nouveau la République : conclusion qui doit décider tous les hommes de bon sens à embrasser ce parti pour aider à le diriger vers le bien.